La Proclama de Emancipación

DAVID y PATRICIA ARMENTROUT

Rourke
Publishing LLC
Vero Beach, Florida 32964

www.rourkepublishing.com

PHOTO CREDITS: Cover image and Page 42 © Getty Images. Page 13 Courtesy of Images of Political History. Page 20 Courtesy of the Department of the Interior. All other images from the Library of Congress

Página del título: *Una visión optimista de la vida sureña después de la Emancipación de Lincoln.*

Editor: Frank Sloan

Cover and page design by Nicola Stratford

Library of Congress Cataloging-in-Publication Data

Armentrout, David, 1962-
 [Emancipation Proclamation. Spanish]
 La Proclama de Emancipación / David y Patricia Armentrout.
  p. cm. -- (Documentos que formaron la nación)
 Includes bibliographical references and index.
 ISBN 1-59515-645-3 (hardcover)
 1. United States. President (1861-1865 : Lincoln). Emancipation
Proclamation--Juvenile literature. 2. Lincoln, Abraham, 1809-1865
--Juvenile literature. 3. Slaves--Emancipation--United States
--Juvenile literature. 4. United States--Politics and government
--1861-1865--Juvenile literature. I. Armentrout, Patricia, 1960- .
II. Title. III. Series: Armentrout, David, 1962- . Documents that
shaped the nation. Spanish.
E453.A76 2006
973.7'14--dc22
                                                2005022630

Impreso en los Estados Unidos
CG

TABLA DE CONTENIDOS

LA PROCLAMA DE EMANCIPACIÓN

El primero de enero de 1863, el presidente Abraham Lincoln firmó la **Proclama de Emancipación**. Transcurría uno de los peores momentos de la historia norteamericana: la Guerra Civil. El documento declaraba *"todas las personas mantenidas como esclavas dentro de cualquier Estado, o parte designada de un Estado, las personas de allí estarán entonces en rebelión en contra de los Estados Unidos, y serán, de allí en adelante, y para siempre libres."*

La Proclama de Emancipación tiene poco más de 700 palabras. Sin embargo, la pequeña sección citada anteriormente explica el objetivo de Lincoln. Esto significa todos los esclavos que vivían en un territorio en rebelión en contra del gobierno federal eran declarados libres. Esta área incluía estados que se habían separado de la Unión en 1860 y 1861.

La proclama de Lincoln cambió el curso de la Guerra Civil en la mente de mucha gente. Fue también el principio del fin de la esclavitud en Estados Unidos.

Presidente Abraham Lincoln

A. Lincoln.

ABRAHAM LINCOLN.

SIXTEENTH PRESIDENT OF THE UNITED STATES.

ESCLAVITUD EN NORTEAMÉRICA

Algunos acontecimientos contribuyeron al desarrollo de la esclavitud en América. Los europeos trajeron esclavos a los primeros asentamientos americanos. En algunos casos, los nativos americanos también fueron esclavizados.

Cuando los británicos colonizaron América en el siglo XVII, trajeron esclavos para que ayudaran a cultivar la tierra. A esos esclavos se les conocía como **sirvientes por contrato**. Algunos de esos esclavos eran negros pero muchos eran

ingleses blancos desempleados. Comerciantes tramposos les decían que el Nuevo Mundo era un lugar de oportunidad. Entonces eran "vendidos" bajo contrato a granjeros norteamericanos.

A cambio del pasaje gratuito, estos esclavos tenían que trabajar para sus dueños por muchos años. Al final de sus contratos se les debía dar los "derechos de libertad" tales como herramientas, tierra y un arma. Algunos esclavos eran liberados pero a otros se les extendía el contrato indefinidamente.

Muchos sirvientes por contrato esclavizados por los británicos no eran cristianos. Podían ser liberados si se convertían al cristianismo.

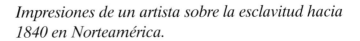

Impresiones de un artista sobre la esclavitud hacia 1840 en Norteamérica.

Hombres y mujeres esclavos son separados a bordo del barco negrero Wildfire.

El comercio de esclavos en Norteamérica comenzó en 1619 cuando un barco mercante holandés llevó africanos a la colonia de Jamestown. A medida que se establecían nuevas colonias se necesitaban más esclavos. El comercio de esclavos continuó y más tarde fue legalizado. Ya no hubo más sirvientes por contrato; ahora eran propiedad legal.

Muchos esclavos intentaban escapar. Para los blancos era más fácil escapar a causa del color de su piel. Muchos nativos americanos también conseguían liberarse. Ellos conocían el terreno y podían esconderse de sus dueños. A los negros, sin embargo, les era más difícil escapar. No estaban familiarizados con los alrededores y el color de su piel hacía de ellos un blanco fácil para ser capturados.

Para el siglo XIX, el Norte y el Sur tenían ideas diferentes sobre la esclavitud. La economía en el Sur se basaba en las ventas de las cosechas. Para que los sureños pudieran obtener ganancias necesitaban vender grandes cantidades de productos agrícolas como tabaco y algodón. Los dueños de las **plantaciones** sureñas necesitaban trabajadores para plantar sus campos y cosecharlos todo el año.

Los norteños no necesitaban trabajadores en el campo para mantener las ganancias en sus negocios. Los estados del Norte, densamente poblados con **emigrantes** europeos, fundaron grandes ciudades con fábricas. La economía del Norte estaba basada en la producción de mercancías en fábricas, no en las plantaciones.

Dos esclavos procesan algodón en una desmotadora.

La desmotadora de algodón, inventada en 1793 por Eli Whitney, era una máquina que separaba las semillas de algodón de la fibra. Su invención permitió que las cosechas de algodón se hicieran rentables para los dueños de las plantaciones del Sur.

EL COMPROMISO DE MISSOURI

En 1818 la Unión tenía 11 estados libres y 11 estados esclavistas. El territorio de Missouri **solicitó** entrar en la Unión como estado esclavista. Un representante de Nueva York propuso una **enmienda** para prohibir la esclavitud en Missouri. Los gobiernos de los estados con diferentes puntos de vista respecto al tema de la esclavitud acosaron al gobierno federal con sus quejas. Era necesario llegar a un **compromiso**.

Finalmente, en 1820, el Compromiso de Missouri permitió a Missouri entrar en la Unión como estado esclavista mientras Maine entraba en la Unión como estado libre. El compromiso también declaraba que el área al norte de Missouri entraría en la Unión como territorio libre. El área al sur de Missouri sería territorio esclavista. El Compromiso de Missouri ayudó a mantener el equilibrio de poder en el Congreso.

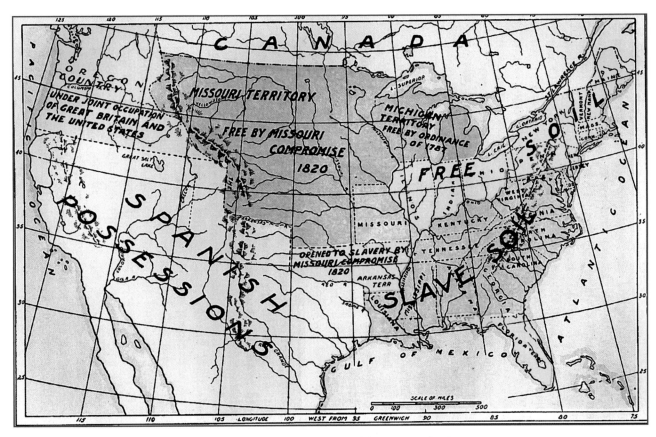

Un mapa de 1820 que muestra los territorios libres y esclavistas.

LA LEY DE ESCLAVOS FUGITIVOS

En 1850 el Congreso aprobó una combinación de leyes llamadas el Compromiso de 1850. El Compromiso incluía la Ley de Esclavos **Fugitivos**. La Ley de Esclavos Fugitivos era una ley que daba a los dueños de esclavos el derecho a organizar grupos para buscar y capturar esclavos fugitivos. A los esclavos fugitivos y liberados, no importaba donde vivieran, se les negaba el derecho a un juicio con jurado y eran forzados a volver a la esclavitud.

La ley además le exigía a los ciudadanos particulares ayudar en la captura de esclavos fugitivos. Si se descubría a un ciudadano ayudando a un fugitivo, sería encarcelado y multado y se le exigiría pagar una **indemnización** al dueño del esclavo.

Ciudadanos disparándoles a esclavos fugitivos –los efectos de la Ley de Esclavos Fugitivos

EL FERROCARRIL CLANDESTINO

Incluso aunque leyes como la de Esclavos Fugitivos castigaban a la gente que ayudaba a los esclavos, animaban a los abolicionistas a pelear más duro para liberar a los esclavos. Después de que la ley fuera aprobada aumentó el número de esclavos que escapaban a través del Ferrocarril Clandestino. El Ferrocarril Clandestino era un sistema secreto de caminos, senderos y casas que los esclavos utilizaban para escapar. El "ferrocarril" conducía a los esclavos desde el Sur hasta el Norte, y llegaba hasta Canadá.

El famoso esclavo fugitivo y abolicionista Frederick Douglass

Blancos y esclavos desarrollaron el Ferrocarril Clandestino. Harriet Tubman fue una famosa "conductora" del ferrocarril. Ella nació esclava en Maryland. Escapó de la esclavitud y fue a Filadelfia a través del Ferrocarril Clandestino. Harriet Tubman hizo alrededor de 20 viajes al Sur, ayudando a muchos esclavos a escapar. Se estima que condujo a 300 esclavos a la libertad sin perder a un solo "pasajero."

Harriet Tubman condujo a muchos esclavos a la libertad a través del Ferrocarril Clandestino.

LA LEY KANSAS~NEBRASKA

A medida que el territorio de Estados Unidos se expandía hacia el oeste, el tema de la esclavitud continuaba causando tensiones entre el Norte y el Sur. Esto se evidenció aún más cuando el Congreso aprobó la ley Kansas-Nebraska en 1854. Esta ley abría los territorios de Kansas y Nebraska a los asentamientos y permitía a los territorios decidir si querían la esclavitud o no. Esto molestó a los abolicionistas del Norte tanto como a los que estaban a favor de la esclavitud en el Sur. Gente de todos los Estados Unidos fueron en tropel a establecerse en Kansas para que sus votos contaran cuando el territorio solicitara incorporarse como estado.

Una secuencia de conflictos violentos entre los que estaban a favor y los que estaban en contra de la esclavitud tuvo lugar en el territorio de Kansas entre 1854 y 1856. Esos sucesos conocidos como Kansas Sangrante son considerados por algunos como los comienzos de la Guerra Civil.

John Brown, un violento líder antiesclavista dirigió
los ataques contra hombres proesclavistas en Kansas

LA ELECCIÓN DE 1860

Las elecciones presidenciales de 1860 fueron interesantes por calificarlas de algún modo. Los candidatos fueron forzados a tomar partido en el tema de la esclavitud. El Partido de Unión Constitucional, cuyo candidato era John Bell, decía que la esclavitud debía ser dejada en paz. El Partido Demócrata estaba dividido. Los demócratas proesclavistas propusieron a John C. Breckinridge. Los demócratas antiesclavistas propusieron a Stephen Douglas.

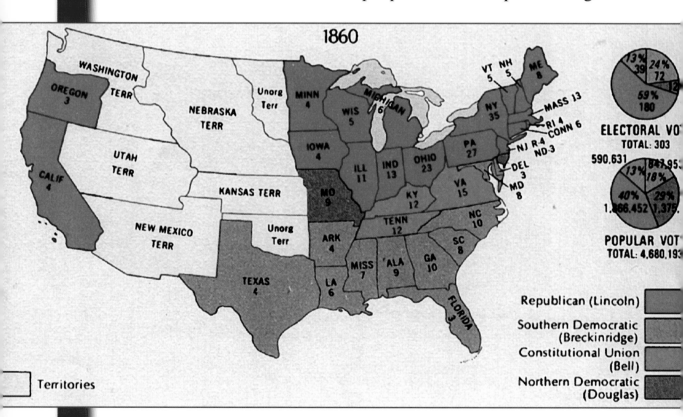

Un mapa político de 1860 muestra a Abraham Lincoln ganando la elección

Un retrato de Lincoln titulado "Nuestro próximo presidente"

El recién formado Partido Republicano, que se oponía firmemente a la esclavitud en los nuevos territorios, nominó a Abraham Lincoln.

El 6 de noviembre de 1860, Lincoln ganó la elección con el voto popular y el electoral, pero él no era nada popular en el Sur. La elección de Lincoln a la presidencia condujo directamente a la separación de la Unión.

El Partido de Unión Constitucional estaba compuesto mayormente por Whigs, un partido formado en 1834 por aquellos que se oponían a la política del presidente Andrew Jackson. La última elección nacional en la que se postuló un candidato Whig fue la elección presidencial de 1852.

SECESIÓN

Lincoln prometió no tocar la esclavitud en los territorios en que esta existía. Él le dijo al Sur que estaba sólo contra la expansión de la esclavitud a los nuevos territorios. El Sur, sin embargo, no confiaba en Lincoln.

Carolina del Sur celebró una convención secesionista en Charleston. El 20 de diciembre de 1860, Carolina del Sur votó por la secesión. Seis días más tarde soldados federales se trasladaron a Fort Sumter en la bahía de Charleston. Bajo el mando del mayor Robert Anderson tomaron el control del fuerte antes de que Carolina del Sur lo ocupara. Entonces Mississippi, Florida, Alabama, Georgia, Lousiana y Texas se separaron de la Unión.

Fort Sumter está emplazado en una isla en la bahía de Charleston, Carolina del Sur.

En febrero de 1861, los estados secesionistas llevaron a cabo una reunión en Montgomery, Alabama. Formaron un nuevo gobierno al que llamaron Estados Confederados de Norteamérica. Los rebeldes empezaron a tomar fuertes y arsenales por todo el Sur. Mientras, los de Carolina del Sur habían rodeado Fort Sumter de cañones, determinados a que no les llegaran nuevos suministros a Anderson y sus soldados.

Este grabado en madera muestra a los soldados confederados acampando en Texas.

Jefferson Davis fue
investido presidente de los
Estados Confederados de
América el 18 de febrero de
1861. Lincoln había jurado
como decimosexto
presidente de Estados
Unidos el 4 de marzo
de 1861.

, FIRST PRESIDENT OF THE NEW SOUTHERN CONFEDERACY. — PHOTOGRAPHED BY BRADY.

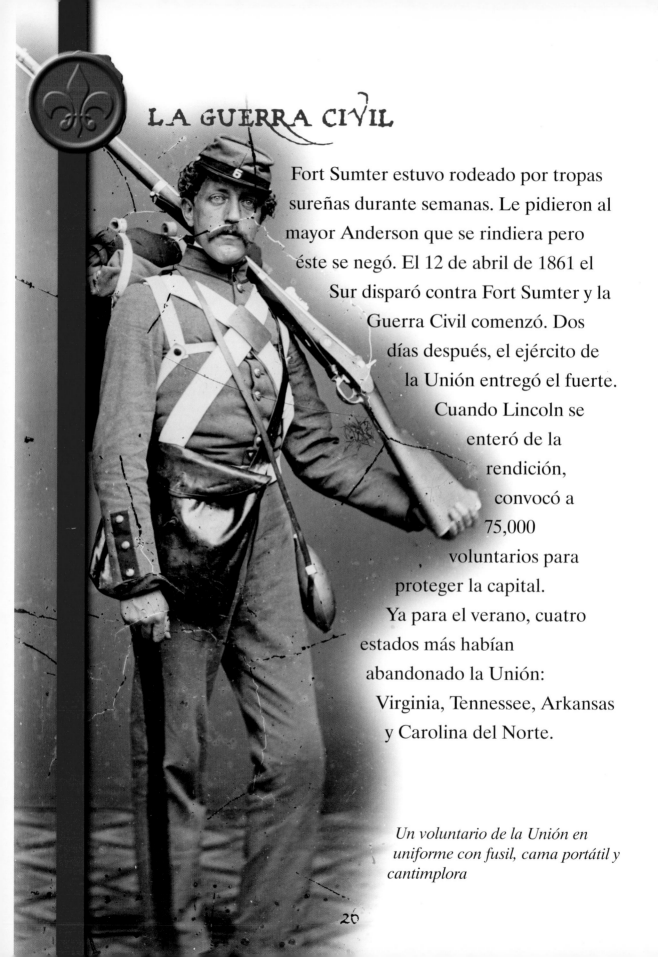

LA GUERRA CIVIL

Fort Sumter estuvo rodeado por tropas sureñas durante semanas. Le pidieron al mayor Anderson que se rindiera pero éste se negó. El 12 de abril de 1861 el Sur disparó contra Fort Sumter y la Guerra Civil comenzó. Dos días después, el ejército de la Unión entregó el fuerte. Cuando Lincoln se enteró de la rendición, convocó a 75,000 voluntarios para proteger la capital. Ya para el verano, cuatro estados más habían abandonado la Unión: Virginia, Tennessee, Arkansas y Carolina del Norte.

Un voluntario de la Unión en uniforme con fusil, cama portátil y cantimplora

Soldados de la Unión y una banda marchan a través de una ciudad de camino a la Guerra Civil.

Sin embargo, cuatro estados esclavistas se mantuvieron leales: Missouri, Kentucky, Maryland y Delaware. Esos estados eran conocidos como Estados Fronterizos porque se encontraban en la frontera entre el Norte y el Sur.

Cuando Virginia abandonó la Unión, aquellos que vivían en los condados del oeste no querían separarse y por tanto formaron su propio gobierno y nombraron a su estado Virginia Occidental. Virginia Occidental fue el único estado formado durante la Guerra Civil. Fue admitido a la Unión como estado 35 el 20 de junio de 1863.

La batalla de Fort Sumter fue pequeña en comparación con las batallas que tuvieron lugar en el primer año de guerra. Para julio de 1862 ambas partes habían sufrido fuertes pérdidas y la Unión tenía muy pocas victorias.

Lincoln continuó luchando con el tema de la esclavitud. Antes de la guerra los norteños habían urgido al presidente que aboliera la esclavitud, pero si él liberaba a los esclavos, ahora los norteños pensarían que la guerra era sobre la esclavitud y no para preservar la Unión.

A Lincoln le preocupaba el ejército y los Estados Fronterizos. Si liberaba a los esclavos, los soldados de los Estados Fronterizos abandonarían el ejército de la Unión y se unirían a las fuerzas confederadas. El ejército de la Unión no podía permitirse la pérdida de hombres.

La batalla de Fredericksburg, Virginia, dejó 18,000 muertos, heridos y desaparecidos después del terrible asedio.

Lincoln se había cuidado de no tomar acciones contra la esclavitud pero después de un año de debatir el tema era hora de liberar a los esclavos. Él escribió la Proclama de Emancipación.

El 22 de julio de 1862, Lincoln se reunió con sus consejeros para discutir las medidas que podrían mejorar la posición de la Unión en la guerra. Lincoln leyó parte de su Proclama de Emancipación en voz alta y les dijo a sus consejeros que quería sus opiniones. La mayoría de los consejeros de Lincoln estaban en contra de la idea. Le dijeron al presidente que esperara a que la Unión consiguiera una victoria antes de anunciar el plan de emancipación. Lincoln estuvo de acuerdo en esperar.

El presidente Lincoln visita a McClellan y otros oficiales en el campo de batalla de Antietam.

El mayor general George B. McClellan en la batalla de Antietam

El 17 de septiembre, las fuerzas de la Unión y las confederadas pelearon en una batalla brutal en Antietam, Maryland. Fue una de las más sangrientas batallas de la Guerra Civil. Cuando ésta terminó, más de 25,000 muertos y heridos yacían en el campo de batalla.

LA PROCLAMA DE EMANCIPACIÓN DE LINCOLN

La batalla de Antietam fue el primer intento claro que hizo la Confederación de invadir el Norte. Ninguno de los ejércitos pudo reclamar una victoria real pero la Unión sacó ventaja cuando la Confederación decidió retirar sus fuerzas a Virginia. El presidente tenía lo que necesitaba para seguir adelante con la emancipación.

El 22 de septiembre de 1862, el presidente leyó su Proclama de Emancipación en público. Esta emancipación preliminar fue una orden directa al ejército. La proclama advertía a los estados sureños que si no regresaban a la Unión en enero, todos los esclavos serían libres para siempre. La proclama de Lincoln además permitía a los antiguos esclavos unirse al ejército de la Unión.

Lincoln leyendo el primer borrador de la Proclama de Emancipación a sus consejeros

La Proclama de Emancipación causó reacciones contradictorias en el Norte. Algunos blancos pensaban que ahora la guerra se hacía para liberar a los esclavos. Otros creían que era la proclama más grandiosa que se hubiera escrito nunca.

Los abolicionistas estaban furiosos porque la proclama no incluía a los esclavos de los Estados Fronterizos. Mucha gente quería que Lincoln retirara la proclama.

El 1ro de enero de 1863, Lincoln firmó su Proclama de Emancipación. Los dueños de esclavos del Sur no liberaron a sus esclavos, pero cuando los esclavos finalmente se enteraron de la Emancipación, muchos escaparon al norte por su cuenta y algunos se unieron a las fuerzas de la Unión. La Proclama de Emancipación logró lo que Lincoln quería. Ayudó a liberar a los esclavos, hizo que el Sur perdiera sus trabajadores y aumentó las fuerzas de la Unión.

Para el final de la guerra 200,000 afroamericanos se habían unido a las fuerzas de la Unión.

Los soldados negros de la Unión defendieron el canal de Dutch Gap en Virginia.

LA DECIMOTERCERA ENMIENDA

La emancipación de los esclavos no terminó la guerra. Las tropas confederadas continuaron luchando por su libertad y las tropas de la Unión continuaron en su marcha hacia el Sur, liberando esclavos. Hacia finales de 1864, las fuerzas de la Unión habían capturado Atlanta y Savannah en Georgia. Para muchos estas victorias significaban que el fin de la guerra estaba próximo.

Lincoln quería terminar la esclavitud completamente antes del fin de la guerra, de manera que trabajó con el Congreso para enmendar la Constitución. El 31 de enero de 1865, el Congreso votó y aprobó la Décimotercera Enmienda, la cual ilegalizaba la esclavitud.

El 9 de abril de 1865 el general Robert E. Lee se rindió al general Ulysses S. Grant en el tribunal de Appomattox, Virginia. Esa rendición marcó el fin de la Guerra Civil.

El general de la Unión, Ulysses S. Grant, sirvió como décimo octavo presidente de Estados Unidos desde 1869 hasta 1877.

El general Lee y su ejército se rindieron al general Grant el 9 de abril de 1865.

LA PÉRDIDA DEL GRAN EMANCIPADOR

El presidente Lincoln pronunció su último discurso en público el 11 de abril de 1865. Se dirigió a la multitud en el césped de la Casa Blanca. Lincoln habló sobre cómo el gobierno y el ejército trabajarían juntos para reconstruir el Sur. Dijo que todos estaban de acuerdo en que los estados que se habían separado estaban "fuera de una relación adecuada con la Unión" y que todos debían unirse para "restaurar las relaciones prácticas apropiadas entre esos estados y la Unión."

Tres días más tarde el presidente Lincoln y su esposa se reunieron con algunos amigos en el teatro Ford en Washington, D.C. Mientras estaban sentados en el palco viendo una obra de teatro, un actor llamado John Wilkes Booth entró por el fondo y le disparó al presidente en la cabeza. Booth escapó pero fue encontrado más tarde por soldados de la Unión quienes lo mataron.

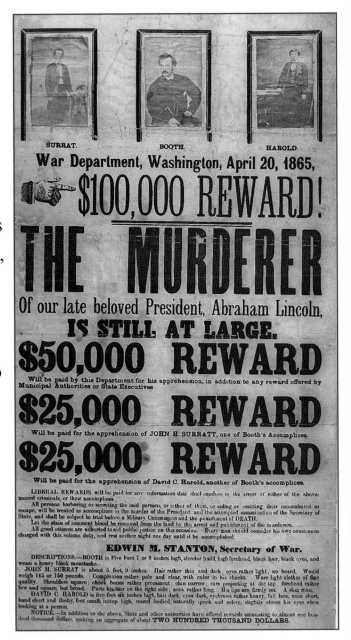

Este cartel anuncia una recompensa por la captura del asesino de Lincoln.

Un dibujo de John Wilkes Booth disparándole al presidente Lincoln en el teatro Ford

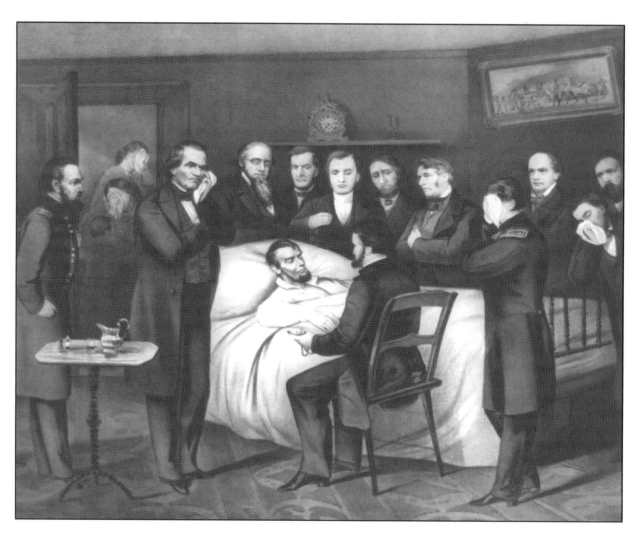

Lincoln es rodeado por su familia, amigos y consejeros en el momento de su muerte.

El presidente Lincoln fue trasladado a una posada que estaba frente al teatro. Su familia y amigos estuvieron a su lado durante la noche. El presidente murió a la mañana siguiente. Tenía 56 años.

Lincoln comenzó su presidencia luchando por mantener a la Unión como una sola. Guió a los norteamericanos a través de una guerra terrible y apoyó una enmienda que pondría fin a la esclavitud en Norteamérica. En diciembre de 1865 la Décimotercera Enmienda se convirtió en ley y cuatro millones de afroamericanos fueron liberados.

TESOROS AMERICANOS

Lincoln escribió dos copias de su Proclama de Emancipación de su puño y letra: la copia preliminar leída en septiembre y la copia final leída en enero. Después de la muerte de Lincoln, el congreso estatal de Nueva York compró la copia preliminar por $1,000.

Ésta fue entregada a la Biblioteca Estatal en Albany, Nueva York. La Biblioteca Estatal, parte del edificio del Capitolio fue destruida en un incendio en 1911, pero la Proclama de Emancipación fue salvada. Un empleado del Departamento de Estado la rescató de las llamas. La copia preliminar es ahora conservada en la nueva Biblioteca Estatal en Albany.

La Sociedad Histórica de Chicago adquirió la copia final de Lincoln pero ésta fue destruida en el incendio de Chicago de 1871. La Proclama de Emancipación de cinco páginas firmada es conservada en los Archivos Nacionales en Washington D.C.

El presidente Lincoln escribiendo su Proclama de Emancipación

CRONOLOGÍA

1619 Comienza el comercio de esclavos en las colonias de Norteamérica

1820 El Congreso aprueba el Compromiso de Missouri

1850 El Congreso aprueba la Ley de Esclavos Fugitivos

1854 El Congreso aprueba la Ley Kansas-Nebraska

1860 Abraham Lincoln es elegido presidente

1860 Carolina del Sur se separa de la Unión el 20 de diciembre

1861 En febrero se forman los Estados Confederados de Norteamérica

1861 El 18 de febrero se nombra presidente de los Estados Cofederados a Jefferson Davis

1861 El 4 de marzo Lincoln jura como décimosexto presidente de Estados Unidos

1861 El 12 de abril, las tropas del Sur abrieron fuego contra Fort Sumter en Carolina del Sur y dio comienza a la Guerra Civil

1862 La Batalla de Antietam el 17 de septiembre

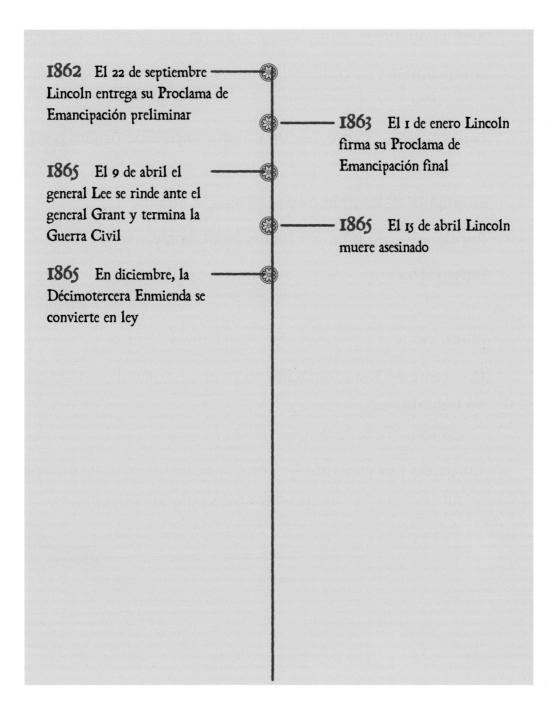

1862 El 22 de septiembre
Lincoln entrega su Proclama de
Emancipación preliminar

1863 El 1 de enero Lincoln
firma su Proclama de
Emancipación final

1865 El 9 de abril el
general Lee se rinde ante el
general Grant y termina la
Guerra Civil

1865 El 15 de abril Lincoln
muere asesinado

1865 En diciembre, la
Décimotercera Enmienda se
convierte en ley

GLOSARIO

abolicionistas — gente que no quería que la esclavitud continuara

compromiso — aceptar algo que no es exactamente lo que se desea

emigrantes — gente que abandona su país de origen para vivir en otro

enmienda — cambio que se le hace a una ley

fugitivos — alguien que ha huido de la ley

indemnización — suma de dinero pagada al dueño legítimo de algo

plantaciones —grandes fincas de climas cálidos

Proclama de Emancipación — anuncio formal del presidente Lincoln que liberaba a los esclavos que vivían en los estados confederados

sirvientes por contrato — personas que están obligadas por un contrato a trabajar para otra persona por un largo periodo de tiempo

LECTURAS RECOMENDADAS

Holford, David M. *Lincoln and the Emancipation Proclamation.*
    Enslow Publishers, 2002.
Martin, Michael J. *Emancipation Proclamation: Hope of Freedom
    for the Slaves.* Capstone Press, 2003.
Murray, Aaron R. *Civil War Battles and Leaders.*
    Dorling Kindersley Publishing, 2004.

SITIOS EN LA RED

www.historyplace.com/civilwar/
www.historyplace.com/lincoln/
www.americancivilwar.info/

ÍNDICE